# BEI GRIN MACHT SICH IHR WISSEN BEZAHLT

- Wir veröffentlichen Ihre Hausarbeit,
  Bachelor- und Masterarbeit

- Ihr eigenes eBook und Buch -
  weltweit in allen wichtigen Shops

- Verdienen Sie an jedem Verkauf

## Jetzt bei www.GRIN.com hochladen und kostenlos publizieren

**Bibliografische Information der Deutschen Nationalbibliothek:**

Die Deutsche Bibliothek verzeichnet diese Publikation in der Deutschen National-bibliografie; detaillierte bibliografische Daten sind im Internet über http://dnb.d-nb.de/ abrufbar.

Dieses Werk sowie alle darin enthaltenen einzelnen Beiträge und Abbildungen sind urheberrechtlich geschützt. Jede Verwertung, die nicht ausdrücklich vom Urheberrechtsschutz zugelassen ist, bedarf der vorherigen Zustimmung des Verlages. Das gilt insbesondere für Vervielfältigungen, Bearbeitungen, Übersetzungen, Mikroverfilmungen, Auswertungen durch Datenbanken und für die Einspeicherung und Verarbeitung in elektronische Systeme. Alle Rechte, auch die des auszugsweisen Nachdrucks, der fotomechanischen Wiedergabe (einschließlich Mikrokopie) sowie der Auswertung durch Datenbanken oder ähnliche Einrichtungen, vorbehalten.

**Impressum:**

Copyright © 2018 GRIN Verlag
Druck und Bindung: Books on Demand GmbH, Norderstedt Germany
ISBN: 9783668653634

Elena Maier

# Ausdauertraining. Diagnose, Zielsetzung, Trainingsplanung

GRIN Verlag

**GRIN - Your knowledge has value**

Der GRIN Verlag publiziert seit 1998 wissenschaftliche Arbeiten von Studenten, Hochschullehrern und anderen Akademikern als eBook und gedrucktes Buch. Die Verlagswebsite www.grin.com ist die ideale Plattform zur Veröffentlichung von Hausarbeiten, Abschlussarbeiten, wissenschaftlichen Aufsätzen, Dissertationen und Fachbüchern.

**Besuchen Sie uns im Internet:**

http://www.grin.com/

http://www.facebook.com/grincom

http://www.twitter.com/grin_com

Deutsche Hochschule für
Prävention und Gesundheitsmanagement
Hermann Neuberger Sportschule 3
66123 Saarbrücken

# Einsendeaufgabe

| | |
|---|---|
| **Fachmodul:** | Trainingslehre II |
| **Studiengang:** | Fitnessökonomie |
| **Datum Präsenzphase:** | 17.01.2018 – 19.01.2018 |
| **Name, Vorname:** | Maier, Elena |
| **Studienort:** | **Stuttgart** |

# Inhaltsverzeichnis

# 1 Teilaufgabe 1 - Diagnose

## 1.1 Allgemeine und biometrische Daten

Tab. 1: Allgemeine und biometrische Daten

| Alter: | 50 Jahre |
|---|---|
| Geschlecht: | Männlich |
| Körpergröße: | 1,85 m |
| Körpergewicht: | 101,0 kg<br><br>Berechnung des BMI: 101 kg $\div$ $(1,85^2)$ = 29,5 kg/m$^2$<br>Wissenschaftlich anerkannte Normwerte:<br><br>| Klasse: | BMI (kg/m$^{2)}$) |<br>|---|---|<br>| Untergewicht | < 18,5 |<br>| Normalgewicht | 18,5-24,9 |<br>| Übergewicht | 25,0-29,9 |<br>| Adipositas Grad I | 30,0-34,9 |<br>| Adipositas Grad II | 35,0-39,9 |<br>| Adipositas Grad III | > 40 |<br><br>(World Health Organization [WHO], o.J)<br><br>Bewertung: Der Proband liegt mit einem BMI von 29,5 kg/m$^2$ im Bereich des Übergewichts. |
| Trainingsmotive: | - Gewichtsreduktion: Erreichen des Normalgewichts<br>- Senkung des Blutdrucks<br>- Aufbau und Erhalt der Grundlagenausdauer |
| Berufliche Tätigkeit: | Büroangestellter |
| Aktuelle sportliche Aktivitäten: | Keine aktuellen sportlichen Aktivitäten. |
| Frühere sportliche Aktivitäten: | Hobby-Fußballspieler in der Bezirksliga bis zu seinem 20. Lebensjahr.<br>Davon 1-2-mal wöchentliches Training á 60 min. |
| Zeitlicher Verfügungsrahmen: | 3 Trainingseinheiten pro Woche.<br>Davon bis zu 60 min Trainingsdauer. |
| Blutdruck: | Ermittelter Blutdruck: 147/94 mmHg<br>Wissenschaftlich anerkannte Normwerte:<br><br>| Einteilung: | Systolischer Wert: | Diastolischer Wert: |<br>|---|---|---|<br>| Optimal | Unter 120 mmHg | Unter 80 mmHg |<br>| Normal | 120-129 mmHg | 80-84 mmHg |<br>| Hochnormal | 130-139 mmHg | 85-89 mmHg |<br>| Arterielle Hypertonie Stufe I | 140-159 mmHg | 90-99 mmHg |<br>| Arterielle Hypertonie Stufe II | 160-179 mmHg | 100-109 mmHg |<br>| Arterielle Hypertonie Stufe III | Über 180 mmHg | Über 110 mmHg |<br><br>(Deutsche Hochdruckliga e.V. DHL & Deutsche Gesellschaft für |

| | Hypertonie und Prävention, 2015)<br>Bewertung: Der Proband liegt mit einem Blutdruck von 147/94 mmHg im Bereich der arteriellen Hypertonie Stufe I. |
|---|---|
| Ruhepuls: | Ermittelter Ruhepuls: 73 S/min<br>Wissenschaftlich anerkannte Normwerte:<br><br>| Einteilung: | Ruhepuls: |<br>\|---\|---\|<br>\| Durchschnittsbürger \| 60-80 S/min \|<br>\| Gut trainierte Sportler \| 50-60 S/min \|<br>\| Leistungssportler \| Unter 50 S/min \|<br>(Weineck, 2003, S. 50; zitiert nach Eifler & Kettenis, 2017, S.41)<br><br>Bewertung: Mit einem Puls von 73 S/min liegt der Proband im Bereich eines Durchschnittsbürgers. Dieser Wert deutet auf einen nur mäßigen körperlichen Zustand hin (Eifler & Kettenis, 2017, S. 53). |
| Allgemeiner Gesundheitszustand: | Keine orthopädische / internistische Probleme bekannt.<br>Regelmäßige Gesundheitschecks im Abstand von 6 Monaten, ansonsten keine ärztlichen Behandlungen innerhalb der letzten 3 Jahre.<br>Keine Einnahme von Medikamenten.<br>Sonstiges:<br>- Bluthochdruck im Bereich der arteriellen Hypertonie Stufe I<br>- Übergewicht<br>- Ruhepuls einer untrainierten Person |
| Gesundheitliche Einschränkungen | Keine Einschränkungen. |

## 1.2 Leistungsdiagnostik / Ausdauertestung

### 1.2.1 Begründung des ausgewählten Fahrradergometertests

Für den Probanden wurde der WHO-Test zur Ermittlung seiner Herz-Kreislauf-Leistungsfähigkeiten auserwählt. Dieser Test ist ein Stufentest mit submaximaler Belastung auf dem Fahrradergometer.

Begründung:

1. Beschaffenheit des Testgeräts:

   Belastungen auf dem Fahrradergometer sind allzeit reproduzierbar und exakt zu dosieren. Besonders wichtig für Anfänger ist es, dass das Testgerät geringe Gefahren für orthopädischer Fehlbelastungen mit sich bringt. Dies ist am Fahrradergometer gegeben, da das Gewicht des Probanden auf dem Fahrradsattel lastet. Zudem sind auch die koordinativen Anforderungen sehr gering, was einem Einsteiger die Bewegungsausführung erleichtert und Fehler minimiert (Eifler & Kettenis, 2017, S. 62).

4

2. Anforderungen an die Testperson:

Die Anforderungen des Testgeräts sind, wie bereits erläutert, eher gering. Deshalb eignet sich diese Art von Test besonders gut für den Probanden, da er Anfänger ist und keine Erfahrungen mit Ausdauergeräten hat. Die Eingangsbelastung von 25 Watt ist sehr gering. Mit einer Belastungssteigerung von 25 Watt, einer Stufendauer von 2 Minuten und einer Trittfrequenz von 60-80 Umdrehungen pro Minute, eignet sich der Test vor allem zur Beurteilung der Herz-Kreislauf-Leistungsfähigkeit von leistungsschwachen Personen, wie dem Probanden (Eifler & Kettenis, 2017, S. 70).

3. Testart/Belastungsverfahren:

Beim WHO-Test handelt es sich um einen Stufentest. Der Vorteil eines Stufentests ist die langsame und kontinuierliche Steigerung der Belastung. Dadurch kann genau verfolgt werden, wie sich der Organismus bei Belastungsveränderungen verhält. Des Weiteren handelt es sich beim WHO-Test um einen Submaximaltest. Dies hat den Vorteil, „dass aufgrund des linearen Anstiegs der Herzfrequenz bzw. der Sauerstoffaufnahme bei stufenweise ansteigender Belastung trotzdem grobe Rückschlüsse auf die Ausdauerleistungsfähigkeit gezogen werden können" (Eifler & Kettenis, 2017, S. 57-59), ohne die Person voll auszulasten und damit gewisse gesundheitliche Risiken einzugehen. Außerdem ist ein submaximaler Test weniger stark von der Motivation der Testperson abhängig und birgt weniger Gefahren einer körperlichen Überlastung als ein Dauertest (Eifler & Kettenis, 2017, S. 59). Dies sind wiederum wichtige Faktoren, die für die Verwendung an leistungsschwachen Personen, wie dem Probanden, sprechen.

### 1.2.2 Testverlauf

Der Proband beginnt den Fahrradergometertest mit einer Eingangsbelastung von 25 Watt. Alle zwei Minuten wird die Belastung um 25 Watt erhöht. Im Minutenabstand wird die Herzfrequenz der Testperson gemessen und protokolliert.

Der Proband fährt nun so lange, bis die definierte Pulsobergrenze (Zielherzfrequenz) erreicht ist. Die Pulsobergrenze lässt sich sowohl nach IPN, als auch nach WHO definieren. In diesem Test wurde die Zielherzfrequenz nach IPN definiert. Diese Ermittlung der Pulsobergrenze ermöglicht den späteren Vergleich mit der Watt-Soll-Leistung nach IPN.

Erreicht die Testperson die definierte Pulsobergrenze, wird die bis dahin erreichte Belastungsstufe zu Ende gefahren und der Test im Anschluss beendet. Testgröße ist „die Wattzahl der zuletzt durchgefahrenen Belastungsstufe bei Erreichen der definierten Pulsobergrenze bzw. Zeitinterpolation, wenn die Pulsobergrenze vor dem Ende der entsprechenden Belastungsstufe erreicht wird" (Eifler & Kettenis, 2017, S. 70).

Im Anschluss wird die gefahrene Wattleistung mit der Normwerttabelle für das jeweilige Alter und Geschlecht verglichen.

**Testablauf beim Probanden:**

Berechnung der Pulsobergrenze / Zielherzfrequenz:

Die Pulsobergrenze / die Zielherzfrequenz kann mittels des Alters und der Ruheherzfrequenz des Probanden aus der Tabelle zur Voreinstufung nach IPN bestimmt werden. Diese Tabelle sieht wie folgt aus:

**Tab. 2: Voreinstufung nach Ruheherzfrequenz und Lebensalter (modifiziert nach Trunz, 2001; IPN, 2004, S.4; zitiert nach Eifler & Kettenis, 2017, S. 68)**

| Alter / Hf$_{Ruhe}$ | < 20 | 20-29 | 30-39 | 40-49 | 50-59 | 60-69 | >70 |
|---|---|---|---|---|---|---|---|
| < 50 S/min | 140 S/min | 135 S/min | 130 S/min | 125 S/min | 115 S/min | 110 S/min | 105 S/min |
| 50-59 S/min | 145 S/min | 140 S/min | 135 S/min | 125 S/min | 120 S/min | 115 S/min | 110 S/min |
| 60-69 S/min | 145 S/min | 145 S/min | 135 S/min | 130 S/min | 125 S/min | 120 S/min | 115 S/min |
| 70-79 S/min | 150 S/min | 145 S/min | 140 S/min | 135 S/min | 130 S/min | 125 S/min | 120 S/min |
| 80-89 S/min | 155 S/min | 150 S/min | 145 S/min | 140 S/min | 135 S/min | 125 S/min | 125 S/min |
| > 90 S/min | 160 S/min | 155 S/min | 150 S/min | 145 S/min | 135 S/min | 130 S/min | 125 S/min |

Nach dieser Tabelle beträgt die Zielherzfrequenz für den Probanden 130 S/min.

Anhand einer zusätzlichen Tabelle kann die bisherige Trainingshäufigkeit ausdauerrelevanter Aktivitäten berücksichtigt werden:

**Tab. 3: Voreinstufung unter zusätzlicher Berücksichtigung der Trainingshäufigkeit ausdauerrelevanter Aktivitäten (modifiziert nach Trunz, 2001; IPN, 2004, S.4; zitiert nach Eifler & Kettenis, 2017, S. 69)**

| Trainingszustand | Trainingshäufigkeit/Woche | Stunden/Woche | Pulsaufschlag |
|---|---|---|---|
| Kein Ausdauertraining | Kein einziges Mal | 0 Stunden | Kein Aufschlag |
| Wenig Ausdauertraining | 1-2-mal | ≤ 1 Stunde | Kein Aufschlag |
| Moderates Ausdauertraining | 2-3-mal | 1-2 Stunden | Plus 5 S/min |
| Viel Ausdauertraining | 3-4-mal | 2-4 Stunden | Plus 10 S/min |
| Sehr viel Ausdauertraining | > 4-mal | > 4 Stunden | Plus 15 S/min |

Da der Proband bisher kein Ausdauertraining betreibt, gibt es keinen Aufschlag auf seine ermittelte Pulsobergrenze von 130 S/min.

### 1.2.3    Testergebnis

Der Proband hat es geschafft, fünf Belastungsstufen ganz durchzufahren. In der sechsten Belastungsstufe hat er nach 80 Sekunden die für ihn definierte Pulsobergrenze nach IPN von 130 S/min erreicht. Deshalb wurde hier der Test des Probanden beendet. Ermittlung der Gesamtleistung des Probanden:

Erreichte Wattleistung nach 10 min / 5 Belastungsstufen: 125 Watt

Zeitinterpolation: Die sechste Stufe wurde nur zu Zweidritteln durchfahren, deshalb 25 Watt * (2/3) = 16,67 Watt. Daraus errechnet sich eine Gesamtwattleistung von 141,7 Watt und somit eine auf das Körpergewicht relativ bezogenen Wattleistung von 1,4 Watt/kg Körpergewicht.

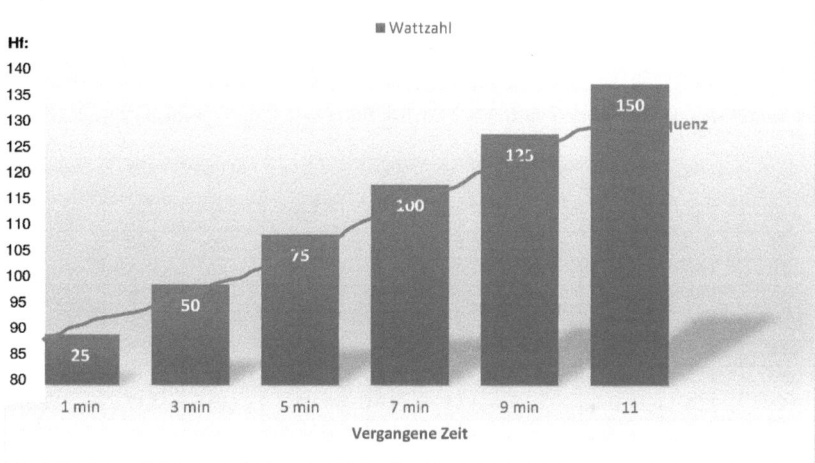

Abb. 1: Grafische Darstellung des Ergebnisses des WHO-Tests vom Probanden

**Tab. 4: Testprotokoll des Probanden**

| Vergangene Zeit (in Sekunden) | Herzfrequenz |
|---|---|
| 0 s (Beginn des Tests | 87 S/min |
| 60 s | 92 S/min |
| 120 s | 94 S/min |
| 180 s | 97 S/min |
| 240 s | 99 S/min |
| 300 s | 105 S/min |
| 360 s | 112 S/min |
| 420 s | 115 S/min |
| 480 s | 117 S/min |
| 540 s | 125 S/min |
| 600 s | 128 S/min |
| 620 s | 130 S/min |

Die ermittelte Watt-Sollleistung von 1,4 Watt/kg Körpergewicht des Probanden lässt sich mit Hilfe der Normtabelle für submaximale Radergometertests bewerten. Diese Tabelle sieht wie folgt aus:

**Tab. 5: Normtabelle für submaximale Radergometertests - Relative Watt-Soll-Leistung (Watt pro kg) bei Männern (modifiziert nach IPN, 2004, S.8; zitiert nach Eifler & Kettenis, 2017, S.77)**

| Alter / Intensität | < 30 | 30-34 | 35-39 | 40-44 | 45-49 | 50-54 | 55-59 | >60 | Bewertung |
|---|---|---|---|---|---|---|---|---|---|
| 0,50 | 1,45 | 1,38 | 1,31 | 1,23 | 1,16 | 1,09 | 1,02 | 0,94 | ☹ ☹ |
| 0,51 | 1,50 | 1,43 | 1,35 | 1,28 | 1,20 | 1,13 | 1,05 | 0,98 | ☹ ☹ |
| 0,52 | 1,55 | 1,47 | 1,40 | 1,32 | 1,24 | 1,16 | 1,09 | 1,01 | ☹ ☹ |
| 0,53 | 1,60 | 1,52 | 1,44 | 1,36 | 1,28 | 1,20 | 1,12 | 1,04 | ☹ ☹ |
| 0,54 | 1,65 | 1,57 | 1,49 | 1,40 | 1,32 | 1,24 | 1,16 | 1,07 | ☹ ☹ |
| 0,55 | 1,70 | 1,62 | 1,53 | 1,45 | 1,36 | 1,28 | 1,19 | 1,11 | ☹ |
| 0,56 | 1,75 | 1,66 | 1,58 | 1,49 | 1,40 | 1,31 | 1,23 | 1,14 | ☹ |
| 0,57 | 1,80 | 1,71 | 1,62 | 1,53 | 1,44 | 1,35 | 1,26 | 1,17 | ☹ |
| 0,58 | 1,85 | 1,76 | 1,67 | 1,57 | 1,48 | 1,39 | 1,30 | 1,20 | ☹ |
| 0,59 | 1,90 | 1,81 | 1,71 | 1,62 | 1,52 | 1,43 | 1,33 | 1,24 | ☹ |
| 0,6 | 2,00 | 1,90 | 1,80 | 1,70 | 1,60 | 1,50 | 1,40 | 1,30 | Ø |
| 0,61 | 2,20 | 2,09 | 1,98 | 1,87 | 1,76 | 1,65 | 1,54 | 1,43 | Ø |
| 0,62 | 2,40 | 2,28 | 2,16 | 2,04 | 1,92 | 1,80 | 1,68 | 1,56 | Ø |
| 0,63 | 2,60 | 2,47 | 2,34 | 2,21 | 2,08 | 1,95 | 1,82 | 1,69 | ☺ |
| 0,64 | 2,80 | 2,66 | 2,52 | 2,38 | 2,24 | 2,10 | 1,96 | 1,82 | ☺ |
| 0,65 | 3,00 | 2,85 | 2,70 | 2,55 | 2,40 | 2,25 | 2,10 | 1,95 | ☺ |
| 0,66 | 3,20 | 3,04 | 2,88 | 2,72 | 2,56 | 2,40 | 2,24 | 2,08 | ☺ ☺ |
| 0,67 | 3,40 | 3,42 | 3,06 | 2,89 | 2,72 | 2,55 | 2,38 | 2,21 | ☺ ☺ |
| 0,68 | 3,60 | 3,42 | 3,24 | 3,06 | 2,88 | 2,70 | 2,52 | 2,34 | ☺ ☺ |
| 0,69 | 3,8 | 3,61 | 3,42 | 3,23 | 3,04 | 2,85 | 2,66 | 2,47 | ☺ ☺ |
| 0,70 | 4,00 | 3,80 | 3,60 | 3,40 | 3,20 | 3,00 | 2,80 | 2,60 | ☺ ☺ |

Intensität = Intensitätsfaktor zur Berechnung der empfohlenen Trainingsherzfrequenz

Mit dem Ergebnis des Ausdauertests kann aus der Normtabelle ein entsprechender Intensitäts- und Belastungsfaktor für den Probanden ermittelt werden. Die relative Watt-Soll-Leistung des Probanden wurde in der Tabelle rot markiert. Mit einer relativen Wattleistung von 1,4 Watt/kg Körpergewicht liegt die allgemeine aerobe Ausdauer des Probanden unter dem Durchschnitt der Leistung einer Person des gleichen Alters und gleichen Geschlechts (1,5-1,8 Watt/kg Körpergewicht). Dies deutet auf eine unzureichende Ausdauerleistungsfähigkeit hin und bestätigt die Wahl des WHO-Tests, der für leistungsschwächere Personen gedacht ist (Eifler & Kettenis, 2017, S.71). Folgen einer unzureichenden Ausdauerleistungsfähigkeit können zum Beispiel sein:

- Bluthochdruck
- Fettstoffwechselstörungen
- Herz-/Kreislauferkrankungen

- Diabetes Mellitus
- Übergewicht

(Eifler & Kettenis, 2017, S. 10)

Um diese Risikofaktoren zu verringern, bzw. bereits vorhandene Folgen unzureichender Ausdauerleistungsfähigkeit zu verbessern und zu beheben, wird für den Probanden ein zielgerichteter, gesundheitsorientierter Ausdauertrainingsplan erstellt.

## 1.3  Gesundheits- und Leistungsstatus der Person

Der Proband befindet sich laut der Normtabelle für submaximale Radergometertests in einem unterdurchschnittlichen Leistungszustand. Er übt momentan keinen Sport aus und ist auch in seinem Beruf nicht körperlich aktiv. Außerdem hat er einen erhöhten Blutdruck (Hypertonie Stufe I) und einen BMI von 29,5 kg/m$^2$ im Bereich des Übergewichts. Das Training ist für die getestete Person dennoch gesundheitlich unbedenklich, da er keine körperlichen Beschwerden oder Einschränkungen hat. Somit ist er körperlich belastbar. Der Leistungszustand und verschlechterte Werte (Blutdruck, BMI) werden in den kommenden Wochen verbessert und stabilisiert.

# 2 Teilaufgabe 2 – Zielsetzung / Prognose

Bei der Anamnese äußerte der Proband folgende Trainingsmotive:

- Gewichtsreduktion: Erreichen des Normalgewichts
- Senkung des Blutdrucks
- Aufbau und Erhalt der Grundlagenausdauer

Diese Ziele werden in der Trainingsplanung mitaufgegriffen, um die Motivation und Freude des Probanden in Bezug auf das Training zu erhöhen. Wichtig ist es vor allem, diese Ziele klar und realistisch zu formulieren, um sie messbar und nachvollziehbar zu machen. Die Ziele wurden wie folgt formuliert:

## 2.1 Ziel 1:

*Senkung des Blutdrucks in den hochnormalen Bereich (130-139 mmHf systolischer Blutdruck, 85-89 mmHg diastolischer Blutdruck) innerhalb von sechs Wochen.*

Der Proband hat einen aktuell erhöhten Blutdruck von 141/94. Damit liegt er im Bereich der Hypertonie Stufe I. Mit Hilfe von regelmäßigem Ausdauertraining kann der Blutdruck ohne Medikamente um bis zu 10 mmHg systolisch und bis zu 5 mmHg diastolisch gesenkt werden. Bereits nach dem Training zeigen sich erste positive Effekte. Somit ist Ausdauertraining eine einfache und effektive Methode, den Blutdruck (bei regelmäßigem Training) dauerhaft zu senken (Eifel & Kettenis, 2017, S. 250).

## 2.2 Ziel 2:

*Gewichtsreduktion um 17,0 kg in 17 Wochen.*

Der Proband hat ein momentanes Gewicht von 101kg und einen BMI von 29,5 kg/m². Damit liegt er im Bereich des Übergewichts. Trainingsmotiv des Probanden ist das Erreichen des Normalgewichts. Ein realistisches Ziel ist die Gewichtsabnahme von 0,5-1 kg Körpergewicht pro Woche. Deshalb liegt ein weiteres Ziel in der Gewichtsreduktion um 17,0 kg in 25 Wochen. Damit wird dem Probanden ein realistisches und gut erreichbares Ziel gesetzt. Mit diesem Ziel erreicht er ein Zielgewicht von 84,0 kg, einen BMI von 24,5 kg/m² und somit das Normalgewicht.

## 2.3 Ziel 3:

*Aufbau und Erhalt der Grundlagenausdauer*

Der Proband äußerte in der Anamnese den Wunsch zum Aufbau und Erhalt seiner Grundlagenausdauer. Ziel ist es daher, seine Watt-Soll-Leistung von 1,4 auf 1,7 Watt/kg Körpergewicht innerhalb von 12 Wochen zu erhöhen.

# 3 Teilaufgabe 3 – Trainingsplanung Mesozyklus

## 3.1 Grobplanung Mesozyklus

**Tab. 6: Grobplanung des Mesozyklus für das Ausdauertraining**

| Dauer des Mesozyklus: | 6 Wochen |
|---|---|
| Übergeordnete spezifische Trainingszielsetzung: | Aufbau der Grundlagenausdauer |
| Angestrebter wöchentlicher Gesamttrainingsumfang: | 1-2 Stunden |
| Trainingsmethode: | Extensive Dauermethode |
| Belastungsintensitäten: | 50-65% $Hf_{Reserve}$ (extensiv) |
| Trainingshäufigkeit pro Woche: | 3 Trainingseinheiten pro Woche |
| Trainingsdauer für die Trainingseinheiten: | 20-45 min (extensiv) |
| Vorgesehene Ausdauertrainingsgeräte / Bewegungsformen: | Fahrrad Crosstrainer |

## 3.2 Detailplanung Mesozyklus

**Tab. 7: Detailplanung des Mesozyklus für das Ausdauertraining**

| Woche 1 | Montag | Mittwoch | Freitag | Woche 2 | Montag | Mittwoch | Freitag |
|---|---|---|---|---|---|---|---|
| Trainingsziel: | GA1 | GA1 | GA1 | | GA1 | GA1 | GA1 |
| Trainingsmethode: | Ext. DM | Ext. DM | Ext. DM | | Ext. DM | Ext. DM | Ext. DM |
| Trainingsintensität in % der $Hf_{Reserve}$: | 50-55 % $Hf_{Reserve}$ | 50-55 % $Hf_{Reserve}$ | 50-55 % $Hf_{Reserve}$ | | 50-55 % $Hf_{Reserve}$ | 50-55 % $Hf_{Reserve}$ | 50-55 % $Hf_{Reserve}$ |
| Trainingsherzfrequenzen (nach IPN-Formel) | 122-126 S/min | 122-126 S/min | 122-126 S/min | | 122-126 S/min | 122-126 S/min | 122-126 S/min |
| Trainingsdauer | 20 min | 20 min | 20 min | | 25 min | 25 min | 25 min |
| Verwendete Ausdauergeräte | Fahrrad | Fahrrad | Fahrrad | | Fahrrad | Fahrrad | Fahrrad |
| Woche 3 | Montag | Mittwoch | Freitag | Woche 4 | Montag | Mittwoch | Freitag |

| | Montag | Mittwoch | Freitag | | Montag | Mittwoch | Freitag |
|---|---|---|---|---|---|---|---|
| Trainingsziel: | GA1 | GA1 | GA1 | | GA1 | GA1 | GA1 |
| Trainingsmethode: | Ext. DM | Ext. DM | Ext. DM | | Ext. DM | Ext. DM | Ext. DM |
| Trainingsintensität: | 50-55 % $Hf_{Reserve}$ | 50-55 % $Hf_{Reserve}$ | 50-55 % $Hf_{Reserve}$ | | 60-65 % $Hf_{Reserve}$ | 50-55 % $Hf_{Reserve}$ | 50-55 % $Hf_{Reserve}$ |
| Trainingsherzfrequenzen (nach IPN-Formel) | 122-126 S/min | 122-126 S/min | 122-126 S/min | | 131-136 S/min | 122-126 S/min | 122-126 S/min |
| Trainingsdauer | 30 min | 30 min | 30 min | | 25 min | 35 min | 35 min |
| Verwendete Ausdauergeräte | Fahrrad | Fahrrad | Fahrrad | | Fahrrad | Cross-trainer | Fahrrad |
| Woche 5 | Montag | Mittwoch | Freitag | Woche 6 | Montag | Mittwoch | Freitag |
| Trainingsziel: | GA1 | GA1 | GA1 | | GA1 | GA1 | GA1 |
| Trainingsmethode: | Ext. DM | Ext. DM | Ext. DM | | Ext. DM | Ext. DM | Ext. DM |
| Trainingsintensität: | 60-65 % $Hf_{Reserve}$ | 50-55 % $Hf_{Reserve}$ | 55-60 % $Hf_{Reserve}$ | | 60-65 % $Hf_{Reserve}$ | 55-60 % $Hf_{Reserve}$ | 55-60 % $Hf_{Reserve}$ |
| Trainingsherzfrequenzen (nach IPN-Formel) | 131-136 S/min | 122-126 S/min | 126-131 S/min | | 131-136 S/min | 122-126 S/min | 126-131 S/min |
| Trainingsdauer | 30 min | 40 min | 35 | | 35 min | 45 min | 40 min |
| Verwendete Ausdauergeräte | Fahrrad | Cross-trainer | Fahrrad | | Fahrrad | Cross-trainer | Fahrrad |

## 3.3 Begründung zum Mesozyklus

### 3.3.1 Begründung des angestrebten wöchentlichen Belastungsumfangs

Der gewählte Belastungsumfang orientiert sich am Minimalprogramm für das Ausdauertraining zur Verbesserung der Gesundheit. Dieses sieht wie folgt aus:

**Tab. 8: Minimalprogramm für das Ausdauertraining zur Verbesserung der Gesundheit (modifiziert nach Eisenhut & Zintl, 2013, S. 137)**

| | |
|---|---|
| Bruttobelastungszeit / Woche: | Ca. 60 min |
| Trainingsmethode: | Extensive Dauermethode |
| Belastungsintensität: | Ca. 60-70 % $Hf_{max}$ bzw. 45-60 % $Hf_{Reserve}$ |
| Belastungsdauer: | Minimum: 10-15 min, Maximum: 20-30 min |
| Trainingshäufigkeit: | 4-mal 15 min, 3-mal 20 min bzw. 2-mal 30 min |
| Geeignet für: | Beginner, Leistungsschwache Personen |

Der Proband gab in der Anamnese einen zeitlichen Verfügungsrahmen von 3 Trainingseinheiten pro Woche an. Diese Angabe wird direkt in der ersten Woche des Mesozyklus genutzt, um ihn an das Gesundheits-Minimalprogramm von 60 min pro Woche (hier: 3x 20 min) heranzuführen. Das Gesundheitsminimalprogramm ist besonders für untrainier-

12

te Personen von Bedeutung, um mit einem Minimum an Zeitaufwand ein Maximum an Adaptionen zu erreichen (Eisenhut & Zintl, 2013, S.137). Des Weiteren orientiert sich der wöchentliche Belastungsumfang am Prinzip der progressiven Belastungssteigerung:

> Der Belastungsreiz muss sich nach der Reizstufenregel dem Trainingszustand des Sportlers anpassen. Immer gleiche Belastungsreize verlieren im Laufe der Zeit ihre Wirkung im Hinblick auf die Leistungsverbesserung. Die Belastungen müssen von Zeit zu Zeit dem neuen Funktionszustand angeglichen werden. Um eine weitere Leistungssteigerung zu bewirken, muss die Belastung progressiv (= ansteigend) sein und stets im richtigen Verhältnis zur jeweils erreichten Leistungsfähigkeit stehen. (Friedrich, 2005, S.34)

Die Belastungen an den Probanden werden von Woche zu Woche zunächst über die Belastungsdauer stufenweise gesteigert. Damit wird der Proband befähigt, sich zunächst einmal über eine längere Zeitspanne zu belasten. Erst im zweiten Schritt wird dann die Belastungsintensität erhöht.

### 3.3.2 Begründung der ausgewählten Trainingsmethoden

Die ausgewählte Trainingsmethode ist die extensive Dauermethode. Diese wurde gewählt, da sie die grundlegende Trainingsmethode des Gesundheits-Minimalprogramms ist (siehe Tab. 8) und viele positive Adaptionen auslöst:

Erweiterung der aeroben Kapazität (Grundbereich), Ökonomisierung der Bewegungstechnik, Ökonomisierung der Herz-Kreislauf-Arbeit, Verbesserung der peripheren Durchblutung, Stabilisierung eines Leistungsniveaus, Erweiterung des aeroben Stoffwechsels mit Verbesserung der Fettverbrennung und die Regenerationsbeschleunigung (Eisenhut & Zintl, 2013, S. 117-119).

Die variable Dauermethode findet in diesem Mesozyklus noch keine Anwendung, da sie erst bei einer Belastungsdauer von 30-60 Minuten mit bis zu 85% der $VO_{2max}$ wirksam wird. In diesem Mesozyklus wird der Proband jedoch erst in der vierten Woche an eine Belastungsdauer von 30 Minuten mit einer maximalen Belastung von 65% der $VO_{2max}$ herangeführt. In den folgenden drei Wochen soll diese maximale Belastung von 65% der $VO_{2max}$ stabilisiert werden, sodass im nächsten Mesozyklus eine variable Dauermethode mit einer Trainingsintensität von 60-85% $VO_{2max}$ (ext. DM: 60-65 % $VO_{2max}$, var. DM: 80-85% $VO_{2max}$) angewendet werden kann.

Die Intervallmethoden werden in diesem Mesozyklus ebenfalls nicht angewendet. Bei diesen liegen die Belastungsintensitäten im submaximalen bis supramaximalen Bereich (von 80-90% $VO_{2max}$ bei der extensiven Intervallmethode oder 100-130% $VO_{2max}$ bei der intensiven Intervallmethode), welche für unseren Probanden, welcher Trainingsanfänger ist, deutlich zu hoch liegt (Eisenhut & Zintl, 2013, S. 122).

Auch ein Training im Regenerations- und Kompensationsbereich (REKOM) ist nicht nötig, da die Erholungszeit nach einem Training nach der extensiven Dauermethode, bzw. im des Grundlagenausdauerbereich 1, maximal 1-2 Tage erfordert (Eisenhut & Zintl, 2013, S. 200). Da der Proband nach jeder Trainingseinheit mindestens einen Tag Pause hat, ist von einer REKOM abzusehen.

### 3.3.3 Begründung der Belastungsprogression

Wie bereits auf Seite 12 beschrieben, werden Trainingsbelastungen, die über längere Zeit gleichbleiben, trainingsunwirksam. Daraus ergibt sich eine nötige Belastungssteigerung, die der Zunahme der Leistungsfähigkeit entsprechen muss (Eisenhut & Zintl, 2013, S. 18).

Besonders im Grundlagen- und Aufbautraining sollte die allmähliche Belastungssteigerung (Steigerung in kleinen Schritten) angewendet werden. Damit werden bestimmte Risikofaktoren (Verletzungsrisiko, erhöhte Schädigungsmöglichkeit, Leistungsinstabilität) vermieden (Eisenhut & Zintl, 2013, S. 18).

Auf diese Methodik wird auch im ersten Mesozyklus des Probanden zurückgegriffen. In den Wochen 1-6 findet eine stufenweise Erhöhung der Belastungsdauer statt. Damit wird der Proband befähigt, sich über eine gewisse Zeitspanne belasten zu können.

Außerdem wird ab der vierten Woche die Belastungsintensität stufenweise erhöht. Dies dient dazu, den Probanden allmählich an höhere Belastungen zu gewöhnen und ihn für später mögliche Intervallmethoden oder die variable/intensive Dauermethode vorzubereiten.

### 3.3.4 Begründung der angesteuerten Trainingsbereiche

Im jetzigen Mesozyklus des Probanden wird ausschließlich im Bereich der Grundlagenausdauer 1 (GA1) trainiert. Unter Grundlagenausdauer versteht man generell…

… die Sportart unabhängige Ermüdungswiderstandsfähigkeit bei Langzeitbelastungen unter Einsatz großer Muskelgruppen. Nach Zatsiorsky liegt dabei ein hoher Transfer von der in einer Sportart erworbenen Ausdauer auf andere Sportarten/Sportdisziplinen vor. Dieser positive Übertragungseffekt ist vor allem dann zu erwarten, wenn geringe bis mittlere Belastungsintensität über relativ lange Zeit zu erbringen ist. …. Begründet werden kann dieser Übertragungseffekt durch die trainingsbedingt verbesserte aerobe Kapazität, die dann in der artfremden Sportdisziplin genutzt werden kann. (Eisenhut & Zintl, 2013, S. 44)

Die Adaption an das Training der Grundlagenausdauer 1, bzw. die Adaption an das Gesundheits-Minimalprogramm, erfolgt nach ca. 8-10 Wochen (Eisenhut & Zintl, 2013, S. 145). Demnach hätte ein vorzeitiges Training im Bereich der Grundlagenausdauer 2 noch keinen Sinn, da die Basis einer stabilen Grundlagenausdauer noch nicht vollständig geschaffen ist und somit keine Erweiterung der Grundlagenausdauer möglich ist.

### 3.3.5    Begründung der ausgewählten Ausdauergeräte / Bewegungsformen

Beim Probanden handelt es sich um einen absoluten Trainingsanfänger. Die koordinativen Voraussetzungen sind deshalb eher gering. Daher wurde das erste Augenmerk bei der Auswahl der Ausdauergeräte auf die koordinativen Voraussetzungen gelegt.

Des Weiteren ist es wichtig darauf zu achten, wie hoch die Belastung des Ausdauergerätes für den Bewegungsapparat ist. Deshalb liegt ein weiteres Augenmerk bei der Belastung des Bewegungsapparates.

Außerdem wurde darauf geachtet, dass es sich um leicht bedienbare Geräte handelt, bei denen die Möglichkeit zur individuellen Belastungsdosierung besteht.

Unter Anbetracht dieser Augenmerke wurden zwei Trainingsgeräte für den Probanden festgelegt: Das Fahrrad und der Crosstrainer.

Zum Einstieg wurde für die ersten drei Wochen ausschließlich das Fahrrad eingeplant. Dies ermöglicht dem Probanden einen angenehmen und einfachen Einstieg in das Ausdauertraining. Die koordinativen Anforderungen des Fahrrades an den Probanden sind sehr gering. Außerdem ist es durch seine Beschaffenheit schonend für den Bewegungsapparat.

Ab der vierten Woche des Mesozyklus wurde der Crosstrainer mit eingeplant. Dieser sorgt dafür, dass das Training für den Probanden nicht zu eintönig wird. Außerdem sind auch hier die koordinativen Anforderungen eher gering und Belastung für den Bewegungsapparat ist niedrig.

# 4 Teilaufgabe 4 – Literaturrecherche

Für die Literaturrecherche wurde das Thema „Effekte des Ausdauertrainings bei Diabetes mellitus Typ-2" ausgewählt. In den zwei folgenden Tabellen werden die Inhalte der beiden Studien genauer erläutert.

**Tab. 9: Studie Nr. 1: „Gesundheitstraining verbessert den Parodontalstatus bei Patienten mit Diabetes Typ 2" (modifiziert nach Schulze, 2007, S. 27-32)**

| Titel der Studie: | „Gesundheitstraining verbessert den Parodontalstatus bei Patienten mit Diabetes Typ 2" |
|---|---|
| Durchgeführt durch/von: | Dr. med. dent. Antina Schulze<br>Universität Leipzig<br>Insitut für Sportmedizin<br>Bereich Sportzahnmedizin |
| Jahr der Publikation: | 2007 |
| Versuchsaufbau | Die Versuchsteilnehmer der Studie waren 14 Typ 2 Diabetiker mit bestehender Parodontitis. Ausschlusskriterien für die Studie waren: Schwangerschaft, Zahnzahl $\leq$ 12 und keine antibiotische Therapie / Parodontalbehandlung 1 Jahr vor oder während des Durchführungszeitraums.<br>Die Probanden wurden über sechs Monate hinweg nach regelmäßigem Gesundheitstraining (zweimal pro Woche) in der Rehabilitationseinrichtung der Universität Leipzig untersucht. Die Untersuchung wurde bei allen Probanden nur durch eine Person durchgeführt, um die Reproduzierbarkeit zu gewähren. Dazu wurde ein Fragebogen zur Selbstbeurteilung der Mundgesundheit und des Mundhygieneverhaltens erstellt.<br>Zu Beginn der Studie wurden alle relevanten Daten der Probanden erfasst. Dann begannen 6 Monate Untersuchung. Die Patienten führten pro Woche jeweils eine Trainingseinheit mit ca. 45 min Ausdauertraining und 30 min therapeutischem Seilzugtraining und eine weitere Einheit mit ca. 45 min Schwimmen durch. Die Ausdauerleistung wurde regelmäßig wöchentlich bis zum Erreichen der jeweils individuellen maximalen symptomlimitierten Ausdauerleistungsfähigkeit erhöht. Berechnet wurden Mittelwerte der jeweils relevanten Messparameter. |
| Ergebnisse und Schlussfolgerungen: | Bei den im Folgenden dargestellten Werten handelt es sich jeweils um Durchschnittswerte:<br>- Trainingsleistung: Die durchschnittliche Leistung stieg von 40±15,7 W auf 79±17,1 W<br>- BMI: Das anfängliche Durchschnittsgewicht von 101±19kg sank auf 100±19kg, bzw. der BMI sank von 33,8±5,9 kg/m$^2$ auf 33,4±5,9 kg/m$^2$<br>- Der HbA1c (Zucker-Hämoglobinwert) verbesserte sich von 6,8±0,8% auf 6,6±0,77% HbA1c<br>- Mundhygiene: Putzhäufigkeit blieb mit 1,9±0,36-mal pro Tag identisch. Die Putzdauer pro Tag (5,7±2,1 min bzw. 5,6±2,2 min) änderte sich ebenfalls nicht.<br>- Sichtbarer Attachment Verlust: Keine relevanten Veränderungen (von 16,9mm ± 15,6 zu 18,5mm ±17,1) |

| Ergebnisse und Schlussfolgerungen: | - Zahnzahl, Zahnlockerung: 4,9±4,3 bzw. 4,4±4,0 Zähne zu Ende gelockert |
|---|---|
| | - Periodontal Screening Index: Der Wert sank von 3,3±0,8 auf 3,0±0,7. |
| | - Papillenblutungsindex: Deutliche Verbesserung des PBI Grad 3 von 4,4±4,5 auf 1,7±2. |
| | - Taschentiefe (PPD): Anzahl der 5mm tiefen Taschen reduzierte sich von 17,4±13,5 auf 10,36±10,3. Die Anzahl der 6mm tiefen Taschen verbesserte sich von 4,6±5,0 auf 1,1±1,2. |
| | - Gingival Index (GI): Der GI verbesserte sich von 2,6±0,5 auf 1, ±0,9. |
| | Zusammenfassung: Das Gesundheitstraining führte bei den Probanden zu einer geringen Gewichtsreduktion und einer geringen Reduktion des HbAc1. Die relevanten parodontalen Entzündungsindikatoren verbesserten sich signifikant. Dies bedeutet, regelmäßiges Training führt zu einer besseren systemischen Immunlage bei Diabetespatienten. |

**Tab. 10: Studie Nr. 2: „Endurance exercise training decreased serum levels of surfactant protein D and improved aerobic fitness of obese women with type-2 diabetes"**

| Titel der Studie: | „Endurance exercise training decreased serum levels of surfactant protein D and improved aerobic fitness of obese women with type-2 diabetes" oder zu Deutsch: „Ausdauertraining reduziert den Serumspiegel von Surfactantprotein D und verbessert die aero-be Fitness von übergewichtigen Frauen mit Typ-2-Diabetes" |
|---|---|
| Durchgeführt durch/von: | Razaei, S.; Shamsi, M.; Mahdavi, M.; Jamali, A., Prestes, J., Tibama, R., Navalta, J. und Voltarelli, F. |
| Jahr der Publikation: | 2017 |
| Versuchsaufbau | 20 übergewichtige Frauen mit Typ-2-Diabetes- wurden nach dem Zufallsprinzip einer Trainingsgruppe (TG) oder einer Kontrollgruppe (KG) zugewiesen. Die Trainingsgruppe unterzog sich einem progressiven Ausdauer-Trainingsprogramm (Laufen auf dem Laufband für 30-55 min pro Tag bei 50-75% der Herzfrequenzreserve) für die Dauer von 10 Wochen, während die Kontrollgruppe an keinem Trainingsprogramm teilgenommen hat. Zur Analyse von Serum-SP-D, Leptin, Lipidprofil, Glukose und Insulin wurden beiden Gruppen venöses Blut vor und 72h nach der letzten Trainingseinheit entnommen. |
| Ergebnisse und Schlussfolgerungen: | - Der Serum-SP-D-Spiegel der Frauen in der Trainingsgruppe sank im Schnitt um 78,78±17,14% |
| | - Die Frauen der Trainingsgruppe zeigten deutlich niedrigere Leptinwerte als die Frauen der Kontrollgruppe (TG: 8053,27±878,7pg/ml, KG: 9885,5±696 pg/ml) |
| | - Der Nüchternblutzucker der Trainingsgruppe hat sich im Durchschnitt um 17,01±12,74% gesenkt |
| | - Die $VO_{2max}$ als Index für die aerobe Fitness war nach 10 Wochen deutlich höher: Sie stieg im Durchschnitt um 19,29±6,18% an. |
| | - Die Frauen der Trainingsgruppe nahmen im Schnitt 5,44±2,77% ihres Körpergewichts ab, während die Kontrollgruppe um 3,5±2,18% ihres Körpergewichts zunahm |
| | Schlussfolgerung: Ausdauertraining mit Verbesserung der aeroben Fitness induziert eine signifikante Reduktion des Serum-SP-D-Spiegels bei Übergewichtigen Frauen mit Diabetes Mellitus Typ II. |

# 5   Literaturverzeichnis

Deutsche Hochdruckliga e.V. DHL & Deutsche Gesellschaft für Hypertonie und Prävention. (2015). *Bluthochdruck wirksam bekämpfen – Die zehn häufigsten Fragen zum Blutdruck.* Zugriff am: 18.01.2018. Verfügbar unter https://www.hochdruckliga.de/bluthochdruck.html

Eifler, C. & Kettenis, L. (2017). *Studienbrief Trainingslehre II – Gesundheitsorientiertes Ausdauertraining.* (Rev. 18.025.000). Saarbrücken: Deutsche Hochschule für Prävention und Gesundheitsmanagement.

Eisenhut, A. & Zintl, F. (2013). *Ausdauertraining – Grundlagen-Methoden-Trainingssteuerung* (8. überarbeitete Auflage). München: blv.

Friedrich, W. (2005). *Optimales Sportwissen – Grundlagen der Sporttheorie und Sportpraxis für die Schule.* Balingen: Spitta Verlag.

Razaei, S., Shamsi, M., Mahdavi, M., Jamali, A., Prestes, J., Tibana, R. et al. (2017). *Endurance exercise training decreased serum levels of surfactant protein D and improved aerobic fitness of obese women with type-2 diabetes.* Zugriff am: 02.02.2018. Verfügbar unter: https://dmsjournal.biomedcentral.com/articles/10.1186/s13098-017-0273-6

Schulze, A. (2007). *Gesundheitstraining verbessert den Parodontalstatus bei Patienten mit Diabetes Typ 2.* Zugriff am: 02.02.2018. Verfügbar unter http://www.klinischesportmedizin.de/auflage_2007_3/gesundheitstraining.pdf

World Health Organization. (o.J.) *BMI classification.* Zugriff am: 18.01.2018. Verfügbar unter http://apps.who.int/bmi/index.jsp?introPage=intro_3.html

# 6 Abbildungs- und Tabellenverzeichnis

## 6.1 Abbildungsverzeichnis

## 6.2 Tabellenverzeichnis